TIME
FOR KIDS

¡Brumm!
Velocidad y aceleración

T0136528

Stephanie Paris

Consultores

Timothy Rasinski, Ph.D.
Kent State University

Lori Oczkus
Consultora de alfabetización

Katie McKissick
Consultora de ciencias físicas

Basado en textos extraídos de
TIME For Kids. TIME For Kids y el logotipo
de *TIME For Kids* son marcas registradas
de TIME Inc. Utilizados bajo licencia.

Créditos de publicación

Dona Herweck Rice, *Jefa de redacción*
Conni Medina, *Directora editorial*
Lee Aucoin, *Directora creativa*
Jamey Acosta, *Editora principal*
Heidi Fiedler, *Editora*
Lexa Hoang, *Diseñadora*
Stephanie Reid, *Editora de fotografía*
Rane Anderson, *Autora colaboradora*
Rachelle Cracchiolo, *M.S.Ed.,*
    Editora comercial

Créditos de imágenes: págs. 8–9, 18
(abajo), 30 (izquierda) Associate Press; pág. 26
(abajo) Warden and Scholars of New College,
Oxford/The Bridgeman Art; pág. 27 (arriba)
The Stapleton Collection/The Bridgeman Art;
pág. 43 (arriba) Instituto de Tecnología de
California; págs. 34, 44, 48, 51 (abajo) Getty
Images; págs. 30 (derecha), 36 (abajo), 47, 49
(ambas), 50 (derecha), 51 (arriba), 52–53 (abajo)
56 (izquierda), 59 (abajo) iStockphoto; pág. 52
Science Source & iStockphoto; pág. 31 (arriba)
NASA; pág. 7 (centro) NASA/JPL-Caltech; pág. 5
(abajo) epa/Newscom; pág. 19 (arriba) Modesto
Bee/Newscom; págs.13 (abajo), 50 (izquierda)
REUTERS/Newscom; págs.10–11, 14–15, 23, 33,
38–39, 54–55 (illustrations) Kevin Panter; pág.
32 Martin Bond/Photo Researchers, Inc.; pág. 35
Laima Druskis/Science Source; pág. 25 (abajo)
Royal Institution of Great Britain/Science
Source; pág. 12 Corbis/SuperStock; todas las
demás imágenes son de Shutterstock.

Teacher Created Materials

5301 Oceanus Drive
Huntington Beach, CA 92649-1030
http://www.tcmpub.com
ISBN 978-1-4333-7171-4
© 2013 Teacher Created Materials, Inc.
Printed in China
YiCai.032019.CA201901471

Tabla de contenido

¿Qué es la velocidad?

Los coches de carreras se acercan a la línea de meta, los balones de fútbol van zumbando por el campo y los bailarines se lanzan al aire saltando y brincando. Moverse rápido parece estimulante, ¿pero, cuán rápido es algo rápido? Kyle Petty, conductor de coches de carreras y ganador de un récord, lo resume bien. "La **velocidad** es **relativa**. ¿Parece rápido ir a 70 millas por hora en una autopista de 8 carriles? No, probablemente no, pero te apuesto a que sí lo parece si vas por un camino de tierra de un carril. Es lo mismo en un coche de carreras. Depende de la pista". Dicho de otra forma, lo rápido que se mueve algo depende de aquello con lo que se compare. El coche más rápido parece tan lento como una tortuga si se compara con el jet más rápido, ¿pero cuán rápido es un jet comparado con la velocidad de la luz?

Bicicleta: 81 millas por hora

Coche: 267 millas por hora

Los más rápidos

Avión: 2,200 millas por hora

Nave espacial: 39,000 millas por hora

PARA PENSAR

- ¿Qué significa ir rápido?
- ¿Qué afecta a la rapidez o lentitud con la que se mueve un objeto?
- ¿Cómo podemos aumentar o disminuir la velocidad de un objeto en movimiento?

La velocidad de la luz

La luz viaja a unas 186,000 millas por segundo. Los científicos creen que esta es la mayor velocidad a la que puede viajar cualquier cosa en nuestro universo.

¿Cuánto tardas en caminar hasta la escuela? La respuesta depende de dos cosas: la distancia que tienes que recorrer y lo rápido que te mueves. La velocidad es una forma de medir la rapidez con la que se mueve algo. Se define como un cambio de posición respecto al tiempo. Describe cuánto tarda en llegar algo de un sitio a otro.

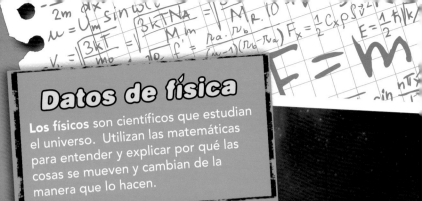

Datos de física

Los físicos son científicos que estudian el universo. Utilizan las matemáticas para entender y explicar por qué las cosas se mueven y cambian de la manera que lo hacen.

Observador astronómico

La física Amy Mainzer es una experta en asteroides y galaxias. Es la científica asistente del proyecto de la misión *WISE* (*Wide-field Infrared Survey Explorer*), que utiliza un telescopio avanzado. Es fan de Harry Potter y le encantan las matemáticas, patinar, y en especial, su trabajo.

Midiendo la velocidad

El propósito de una carrera es determinar quién o qué se mueve más rápido. Eso es exactamente lo que hacen los niños cada año en los derbis. En estas carreras, los participantes comienzan con los mismos materiales. Comienzan con un bloque de madera, un **eje**, y ruedas, o puede que usen una maqueta de automóvil pequeña de plástico. De cualquier forma, solo un coche puede ganar la carrera.

En una carrera, el coche de cada participante recorre la misma pista a la vez. Es fácil avistar al ganador. Solo hay que mirar quién cruza la línea de meta primero. Pero, ¿qué pasa si quieres comparar los tiempos de carrera del ganador de tu escuela con los del ganador de otra? No necesitarías que compitieran lado a lado. Todo lo que necesitarías es comparar sus velocidades.

La velocidad se describe como distancia por tiempo. Se puede medir en millas por hora, metros por segundo o milímetros por año. La medida que uses depende de lo que estés midiendo.

Usain Bolt

La fórmula de la velocidad

En 2012 el jamaicano Usain Bolt batió un nuevo récord corriendo 100 metros en 9.63 segundos. ¿Cuántos metros puede correr Usain Bolt en 1 segundo? Utiliza esta fórmula de la velocidad, donde S es velocidad, D es distancia y T es tiempo:

$$S = \frac{D}{T}$$

$$? = \frac{100 \text{ metros}}{9.69 \text{ segundos}}$$

$$\frac{10.3 \text{ metros}}{1 \text{ segundo}} \times 1 \text{ segundo} = 10.3 \text{ metros}$$

Unidades de medida

Imagina empujar un coche de juguete por una pista. Con un empujón fuerte, el coche va a toda velocidad por la pista de 2 metros en 1 segundo. El juguete se mueve a una velocidad de 2 metros por segundo. Ahora imagínate un coche de verdad. Va zumbando por la autopista y recorre 60 millas en 1 hora. Va a 60 millas por hora.

2 metros

Tiene sentido describir el coche de verdad en millas pues recorre distancias muy grandes de forma rápida.

1 milla = 1609.344 metros

¿Y si describiéramos el coche de juguete en millas por hora y el coche de verdad en metros por segundo? Resulta que el coche de juguete estaría yendo a 4.47 millas por hora. El coche de verdad estaría yendo a 26.82 metros por segundo. Puedes expresar la velocidad utilizando cualquier distancia y tiempo.

1 segundo

1 hora

60 millas

Rapidez

Imagínate a una chica ajustándose sus patines para una gran carrera. Se prepara, suena el silbato ¡y los competidores salen! Va mucho más rápido que los demás. Se desliza por la pista, pasa por el jurado y continúa a través del asombrado público, que salta para esquivarla. Después, patina por la puerta, olvidándose de un pequeño paso. ¡Nunca cruzó la línea de meta! Otro patinador mucho más lento cruza la línea de meta y gana la carrera. ¿Por qué? ¡La patinadora más rápida iba por el camino equivocado! A veces, la velocidad no es lo único que importa—la dirección también es importante. La **rapidez** es la velocidad y la dirección.

Subiendo el listón

Casi todo deporte se basa en la rapidez. Los atletas deben golpear, darle una patada o lanzar una bola a la velocidad adecuada en la dirección adecuada. Deben mover sus cuerpos con rapidez y precisión por el campo y alcanzar la pelota a tiempo. El partido depende de la velocidad y la dirección en la que los jugadores se mueven.

Rapidez de alta tecnología

¿Tu juego electrónico favorito conlleva esquivar bolas de fuego o saltar sobre plataformas? ¿Tienes que lanzar pájaros o disparar láseres con el ángulo adecuado y en el momento oportuno? ¡Entonces tu juego se basa en la rapidez!

Adelante y atrás

La rapidez es la velocidad medida en una dirección específica. La rapidez funciona de la misma forma con coches, naves espaciales y galaxias al igual que con humanos. La rapidez de esta persona cambia según cambia su velocidad y dirección. Aquí, desplazarse hacia la derecha es una forma de rapidez positiva. Desplazarse hacia la izquierda es rapidez negativa.

velocidad máxima = 3 metros por segundo

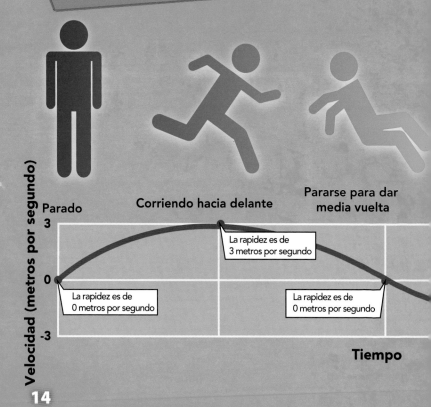

Parado

Corriendo hacia delante

Pararse para dar media vuelta

La rapidez es de 3 metros por segundo

La rapidez es de 0 metros por segundo

La rapidez es de 0 metros por segundo

Velocidad (metros por segundo)

3

0

-3

Tiempo

¡ALTO! PIENSA...

- ¿Qué aspecto tendría el gráfico si el personaje corriera hacia delante todo el tiempo?

- ¿Qué rapidez tiene el hombre cuando se queda quieto de pie?

- ¿Por qué se expresa la rapidez como -3 cuando el hombre corre hacia atrás?

Corriendo en
dirección contraria

Parado

La rapidez es de
0 metros por segundo

La rapidez es de
-3 metros por segundo

Más rápido

¿Qué hace que las cosas se pongan en movimiento? ¿Y cómo podemos hacer que vayan más rápido? Todo objeto tiene muchas fuerzas actuando sobre él. La **gravedad** tira hacia abajo. El suelo empuja hacia arriba. Un empujón puede empujar algo hacia delante, y la **fricción** puede hacer que vaya más despacio.

Un objeto necesita **energía** para moverse. Para moverse rápido, toda esta energía tiene que empujar en la misma dirección. El truco para hacer que un objeto vaya más rápido es maximizar las fuerzas que hacen que se mueva y minimizar las que lo retienen. Piensa en las fuerzas que ayudan a una maqueta de automóvil a ir más rápido o más despacio. ¿De dónde viene la energía del coche? ¿Puedes pensar en formas de modificar el coche para que las fuerzas que lo hacen ir más rápido tengan un mayor impacto que las que disminuyen su velocidad?

Consejo para juguetones

Imagínate una maqueta de automóvil sin ruedas. La carrera comienza, la puerta se abre y aunque el coche puede que se mueva un poco hacia delante, ¡es seguro que no va a ganar la carrera! La fuerza de la fricción que frena el coche es más fuerte que la fuerza de la gravedad que tira de él hacia el suelo de la pista.

16

Descenso rápido

Los esquiadores de pista intentan maximizar su fuerza hacia abajo a la vez que minimizan la fricción que los frena. Pero también deben pensar en la seguridad. ¡Estos esquiadores van a velocidades que exceden con frecuencia las 80 millas por hora! Sus esquíes y ropa están diseñados para minimizar la fricción y ayudan a protegerlos en caso de accidente.

Dale gas

La energía es la capacidad de realizar trabajo y cambios. Hay dos tipos importantes de energía. La **energía potencial** es la energía acumulada o que resulta de la posición. Nada está cambiando todavía, pero la energía está lista y esperando para ser utilizada. Un coche que está en la cima de una colina tiene energía potencial.

La **energía cinética** es la energía de trabajo. Cuando el coche recorre la pista, la energía cinética es la cantidad de trabajo necesario para que pase de su posición en reposo a su rapidez completa.

En la pista

Arriba del todo

Las maquetas de automóvil en la parte de arriba de una pista de carreras demuestran la energía potencial. Cuando se sueltan, su energía también se libera, ¡y van a toda velocidad por la pista!

En una cuesta

Los coches que bajan por una cuesta utilizan la energía cinética. Hay dos fuerzas principales en funcionamiento. La gravedad tira de los coches hacia el suelo y la fricción reduce la velocidad de su progreso.

gravedad

fricción

Hechos para la velocidad

Los corredores se esfuerzan para hacer que sus coches vayan lo más rápido posible. Pero en la naturaleza, moverse rápido no es un juego. Es una cuestión de supervivencia. Los animales que cazan necesitan poder perseguir a sus presas. Cada segundo cuenta en lo salvaje. Algunos diseñadores de automóviles hacen maquetas de los mismos fijándose en animales veloces. A veces el coche se parece al animal en su forma. Y en ocasiones el coche se llama como el animal que lo inspiró.

Jaguar

Chevrolet Impala

Shelby Cobra

Dodge Ram

El más rápido en tierra

El guepardo ostenta el título al animal más rápido en tierra. Durante acelerones cortos puede correr tras su presa entre 65 y 70 millas por hora. ¡Puede pasar de 0 a 60 millas por hora en 3 segundos! Tiene los pulmones y las fosas nasales grandes para tomar rápido el oxígeno para enviarlo a los músculos según corre. Sus garras sobresalen para crear **tracción**. Y su cola plana ayuda a hacer los giros bruscos fácilmente.

21

Altibajos

Las cosas no empiezan simplemente rápido, aumentan su velocidad y se paran de inmediato. Al igual que al guepardo al que le lleva 3 segundos pasar de 0 a 60 millas por hora, los objetos también necesitan tiempo para aumentar su velocidad y disminuirla. Aquí es donde entra la **aceleración**. La aceleración es un cambio de la rapidez en el tiempo. Cuando algo acelera, aumenta su velocidad o cambia su dirección. La **desaceleración** describe a algo cuya velocidad va disminuyendo, a lo que también se puede referir uno como *aceleración negativa*. Cuando tienes algo que va rápido, finalmente tendrás que hacer que pare. ¡La capacidad para controlar la aceleración y deceleración es importante para los juguetes, los coches, los animales, las naves espaciales y prácticamente todo!

Fuerza G

Imagina que estás en una montaña rusa. La fuerza que sientes al avanzar se llama **fuerza G**. La G significa *gravedad*. Cuanto más aceleras más sientes que tu cuerpo lucha contra la gravedad. Aunque quieres moverte, tu cuello y cabeza parece que estuvieran pegados al reposacabezas.

Pisa a fondo

30 millas por hora a 60 millas por hora

La rapidez está aumentando, así que el coche está acelerando.

30 mph → 60 mph

girando a 60 millas por hora

El coche está cambiando de dirección (rapidez), así que el coche está acelerando aunque su velocidad es la misma.

60 mph → 60 mph

60 millas por hora a 0 millas por hora

El coche está desacelerando cuando la rapidez está disminuyendo. Esto se llama aceleración negativa.

60 mph → 0 mph

La segunda ley de Newton

Isaac Newton fue un científico brillante que vivió en el siglo XVII y utilizó las matemáticas para estudiar el mundo que le rodeaba. Después, otros científicos estudiaron sus escritos y crearon tres leyes del movimiento basándose en su obra. La segunda ley de Newton del movimiento está relacionada con la aceleración.

La aceleración sucede cuando una fuerza actúa sobre una **masa**. Cuanta más masa tiene el objeto que se acelera, se necesita más cantidad de fuerza para acelerarlo. Esto quiere decir que para que algo vaya más rápido o más despacio hace falta que haya una fuerza que lo empuje o lo atraiga. También dice que cuanta más masa tiene un objeto, más fuerza hace falta para cambiar su rapidez. Por ejemplo, requiere más fuerza mover una bola de bolos que una pelota de tenis.

El newton

La unidad de fuerza utilizada en la física recibe su nombre de Sir Isaac Newton. Un **newton (N)** es la fuerza necesaria para acelerar 1 kilogramo (kg) 1 metro (m) por segundo (s) al cuadrado en el espacio vacío. Por ejemplo, eso significa que si se empuja una bola de bolos de 1 kilogramo con 1 N de fuerza, entonces 1 segundo después, la bola se mueve $1\frac{m}{s}$. Dos segundos después, se mueve $2\frac{m}{s}$, y así sucesivamente.

$$N = kg\ \frac{m}{s^2}$$

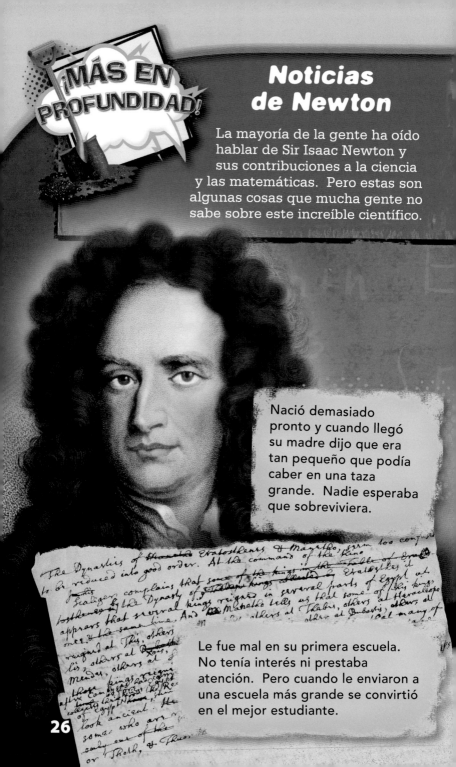

¡MÁS EN PROFUNDIDAD!

Noticias de Newton

La mayoría de la gente ha oído hablar de Sir Isaac Newton y sus contribuciones a la ciencia y las matemáticas. Pero estas son algunas cosas que mucha gente no sabe sobre este increíble científico.

Nació demasiado pronto y cuando llegó su madre dijo que era tan pequeño que podía caber en una taza grande. Nadie esperaba que sobreviviera.

Le fue mal en su primera escuela. No tenía interés ni prestaba atención. Pero cuando le enviaron a una escuela más grande se convirtió en el mejor estudiante.

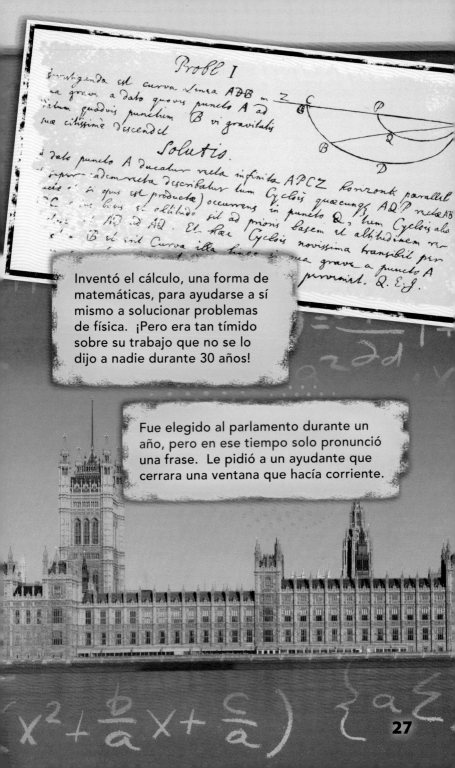

Inventó el cálculo, una forma de matemáticas, para ayudarse a sí mismo a solucionar problemas de física. ¡Pero era tan tímido sobre su trabajo que no se lo dijo a nadie durante 30 años!

Fue elegido al parlamento durante un año, pero en ese tiempo solo pronunció una frase. Le pidió a un ayudante que cerrara una ventana que hacía corriente.

Impulso

¿Cómo haces que la bola blanca se mueva rápido? ¡Para empezar, dándole un gran golpe con el taco! Los empujes que hacen que algo empiece a moverse se llaman **impulsos**. Un pequeño impulso puede ser un ligero empuje que hace que te muevas en un columpio o que te ayuda a hacer una pompa. ¡Y un gran impulso puede ser lo suficientemente potente para lanzar un cohete! Tanto si el impulso es grande o pequeño, cada empuje utiliza energía para que algo se mueva en una dirección determinada.

En la pista

En un derbi, los competidores solo pueden usar la gravedad para acelerar sus maquetas de automóvil. ¿Pero qué pasaría si las reglas cambiaran? ¿Cómo podrías usar el impulso para mejorar la velocidad de tu coche?

Hacia el cielo

Cuando los pájaros aletean sus alas utilizan la fuerza del impulso para mantenerse en el aire. Sin impulso, un pájaro se caería al suelo. Cuanto más grandes sean, más fuerza necesitarán los pájaros para crear un impulso potente que los mantenga seguros en el aire.

peso

arrastre

impulso

levantamiento

Gravedad

La gravedad no solo nos mantiene pegados a la Tierra para que no salgamos volando, sino que también es útil para hacer que las cosas se muevan. Una montaña rusa utiliza una cadena para subir el vagón hasta lo alto de una cumbre alta, pero después, la gravedad toma el control. La montaña rusa baja a toda velocidad hacia la Tierra porque la gravedad tira de ella. De hecho, la gravedad ejerce tanta fuerza que el vagón tiene suficiente energía para hacer la siguiente subida y la siguiente curva. Después baja a toda velocidad de nuevo y la gravedad de la Tierra tira de ella. Los ingenieros de montañas rusas entienden exactamente cómo cada fuerza tira y empuja en el trayecto de principio a fin.

Un ingeniero prueba la seguridad de una montaña rusa llena de maniquíes.

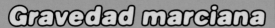

Gravedad marciana

La gravedad está causada por la atracción de la masa. El planeta Marte tiene menos masa que la Tierra y solo un 38 por ciento de la gravedad de la Tierra. Esto quiere decir que Marte atrae menos a las cosas. ¿Cómo afectaría esto al rendimiento de una maqueta de automóvil? ¿Cambiaría el resultado si la carrera se hiciera en Marte?

Consejo para juguetones

Los corredores de derbi usan la gravedad como su fuerza principal. ¿Puedes pensar en alguna forma de aumentar la fuerza de la gravedad en una maqueta de automóvil? La mayoría de las carreras permiten a los participantes añadirle pesos a sus coches. ¿Pegarle pesos al coche influye en la manera en que corre el coche? ¡Experimenta un poco y observa!

Magnetismo

¿Has jugado alguna vez con imanes? Pon uno junto a otro en una mesa y *zas*: los imanes se juntan de golpe en un abrir y cerrar de ojos. El **magnetismo** es otra fuerza que puede cambiar la velocidad y la rapidez. Los imanes son materiales especiales que tiran de o empujan otras cosas magnéticas. Solo determinados metales tienen las propiedades adecuadas para convertirse en imanes. Los metales más comunes son el hierro, el acero, el níquel y el cobalto. Utilizando estos materiales es posible crear máquinas que pueden impulsar todo tipo de objetos muy rápido.

Trenes maglev

Maglev significa *levitación magnética* y es un método para impulsar trenes. Los imanes se usan para crear tanto levantamiento como impulso, propulsando el tren por la vía. ¡Los trenes no experimentan fricción con el suelo, ya que están flotando! Los trenes de levitación magnética más rápidos pueden ir a 361 millas por hora. Pero solo hay actualmente dos trenes de levitación magnética en funcionamiento. Mientras que los trenes de levitación magnética se desarrollan en Alemania y Japón, el único en funcionamiento está en China.

Prueba esto

Encuentra un par de imanes potentes y sujeta uno a la parte de abajo de un coche de juguete. Asegúrate de que el imán no impide girar a las ruedas. Después, pon el coche en una pista elevada. Arrastra el segundo imán bajo la pista para tirar del coche. ¿Hasta dónde rodará el coche cuando quites el imán?

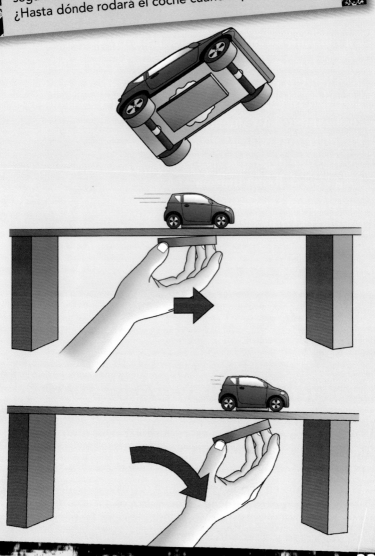

Haz que siga

Algo interesante para recordar sobre la velocidad es que las cosas parecen querer seguir yendo a la velocidad y dirección en la que ya van. Es decir, seguirán yendo a la misma velocidad a menos que otra cosa cambie activamente la situación. Requiere más energía hacer que algo cambie que dejar que siga igual. Esta idea se llama **inercia**. La inercia es la **resistencia** al cambio del movimiento.

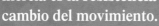

La primera ley de Newton

Newton observaba y describía estos hechos también. De hecho, se pensaba que estas observaciones eran tan básicas e importantes que fueron escritas como su primera ley. A veces se la llama la ley de la inercia:

Un objeto en reposo seguirá en reposo a menos que una fuerza externa actúe sobre él. Y un objeto en movimiento sigue en movimiento con la misma velocidad y dirección a menos que una fuerza externa actúe sobre él.

Una carrera sin fin

Imagínate que pones tu coche de carreras en una pista plana. No se moverá a menos que algo haga que se mueva. Pero si le dieras un empujón enorme empezaría a rodar y continuaría rodando a menos que algo lo parara, como el viento, una subida, un pequeño bache en la carretera, la gravedad o alguna otra cosa que cambiara activamente la situación. Pero si empujaras el coche y nada cambiara la situación, seguiría rodando y rodando y rodando debido a la inercia. ¡Podría participar en una carrera sin fin!

Obteniendo ímpetu

Piensa en una bola rodando por el suelo. Si le das un golpecito con el dedo verás que puedes hacer que siga rodando. Una vez que la bola está en movimiento no requiere mucha fuerza porque tiene inercia. La bola en movimiento también tiene **ímpetu**. El ímpetu es la masa en movimiento.

Ahora, piensa en la misma bola quieta en el suelo. Si le das un golpecito igual de suave como el que le diste cuando estaba rodando puede que esta vez ni siquiera se mueva. Es porque hacer que la bola empiece a rodar requiere más energía que hacer que continúe rodando continuamente. ¡Y requiere más energía hacer que la bola pare que hacer que siga rodando una vez que ha empezado!

Fórmula física

Donde *p* es *ímpetu*, *m* es *masa* y *v* es *rapidez*:

$$p = mv$$

Locura de canicas

El ímpetu se puede transmitir de un objeto a otro. Mira estas canicas que cuelgan aquí arriba. Cuando la bola roja golpea a la siguiente bola, transmite su ímpetu. La bola roja golpeará a la primera bola de plata; la primera bola de plata golpeará a la segunda; y la segunda golpeará a la tercera. Cada canica golpea a la siguiente, obtienen ímpetu. ¿Qué crees que pasará si se añadiera otra bola a la fila?

Caída de huevo

En este experimento verás las fuerzas de la inercia y la gravedad en funcionamiento. Presta toda tu atención al huevo antes de que caiga. ¿Cayó instantáneamente? ¿Por qué o por qué no? ¿Puedes pensar en otra forma de realizar el mismo experimento utilizando diferentes materiales?

Materiales:

- 1 vaso grande de plástico con una apertura lo suficientemente ancha para que quepa por ella un huevo fácilmente
- agua
- 1 molde de tarta muy ligero
- 1 rollo de papel higiénico acabado
- 1 huevo duro

Paso 1

Llena las tres cuartas partes de un vaso con agua.

Paso 2

Centra el molde en el vaso. Luego, centra el tubo del rollo de papel higiénico en el molde. Equilibra el huevo en el tubo.

Paso 3

Obtén el permiso de un adulto antes de hacer el siguiente paso. Con un movimiento horizontal, fuerte y relajado, golpea el molde de tarta para que salga volando del vaso. Si lo haces correctamente, ¡el huevo caerá en el vaso con un salpicón genial!

¿Qué sucede aquí?

El huevo no está en movimiento mientras permanece en el tubo. Y cuando golpeas el molde de la tarta ningún impulso actúa sobre el huevo. La inercia hace que el huevo siga en su sitio. Pero sin tubo, evidentemente, la gravedad tira del huevo, así que cae directo en la taza que está en reposo.

Equilibristas

  ¿Qué quiere decir que unas fuerzas están en equilibrio? Significa que nada cambia. La cantidad de presión que algo está aplicando sobre un objeto en una dirección es igual que la cantidad que se está aplicando desde la otra dirección. Por ejemplo, un barco que flota en el agua está siendo empujado hacia arriba por la **fuerza de flotación**, o flotabilidad, del agua, pero la gravedad también tira de él hacia abajo. ¿Qué pasa si las fuerzas que hay sobre el barco están desequilibradas? Si la fuerza de la gravedad es mayor que la fuerza de flotación, ¡el barco se hunde!

⇩gravedad

⇧ fuerza de flotación

Prueba esto

Pon un libro en tu escritorio. Intenta empujarlo suavemente pero no con la suficiente fuerza como para que se mueva. El empuje que estás **ejerciendo** es una fuerza. Está en equilibrio con la fricción del libro contra la mesa, que es otra fuerza. Las fuerzas están en equilibrio, así que el libro no se mueve. Pero si empujas más fuerte, las fuerzas ya no estarán equilibradas. Tu empuje es más fuerte que la fuerza de la fricción. ¡El libro se mueve!

Bloques de construcción

Prácticamente todo el mundo ha jugado alguna vez con bloques de construcción. A algunos les gusta apilarlos llegando tan alto como pueden y a otros les gusta construir reinos imaginarios. Pero de cualquier modo, las **fuerzas en equilibrio** están en funcionamiento, manteniendo las piezas apiladas en su sitio. La gravedad tira de ellas, pero las piezas se apoyan sobre las otras. Si las mantienes equilibradas correctamente, todas las piezas se quedarán en su sitio. ¡Experimenta un poco y observa!

Haz que vaya más despacio

Piensa en un juego de tira y afloja. Un equipo tira de la cuerda en una dirección mientras que otro equipo tira de la misma cuerda en la otra dirección. Si los equipos están repartidos equitativamente, ninguno se mueve. Las fuerzas están en equilibrio. Pero, ¿qué pasa si el segundo equipo simplemente suelta la cuerda y se va? El primer equipo no tendría ninguna fuerza a la que resistir. Podría correr hacia atrás tan rápido como quisiera con la cuerda. La **fuerza opuesta** lo estaba frenando, pero cuando el otro equipo soltó la cuerda, la fuerza desapareció.

Para hacer que algo vaya rápido, tienes que maximizar las fuerzas que aumentan la velocidad y minimizar aquellas que son contrarias a ella. Cuando quieres ir más despacio o parar el proceso es a la inversa. Necesitas minimizar las fuerzas que están acelerando un objeto y maximizar aquellas que lo deceleran.

> La vida es como montar en bici. Para mantener el equilibrio debes seguir moviéndote
> —Albert Einstein

¡Como montar en bici!

La próxima vez que cojas tu bicicleta para dar una vuelta, piensa en formas de aumentar la velocidad y disminuirla. La respuesta parece sencilla. Deja de pedalear para disminuir la velocidad. Pedalea más rápido para aumentar la velocidad. ¿Pero qué pasa si pedaleas cuesta arriba o cuesta abajo? Si dejases de pedalear yendo cuesta arriba, ¿disminuiría tu velocidad? Si dejases de pedalear yendo cuesta abajo, ¿disminuiría tu velocidad? ¿Qué fuerzas están en funcionamiento?

El impulso, la gravedad o magnetismo tienden a hacer que vayas más despacio si empujan o tiran en la dirección opuesta a la que vas. Así se llama a las *fuerzas opuestas*, pero hay otra fuerza que también entra en acción. La fricción es lo que sucede cuando se frotan dos materiales. Es una fuerza que actúa sobre las superficies, haciendo que las cosas vayan más despacio o impidiendo que se muevan.

En el béisbol, la velocidad de la carrera al plato puede disminuir por la fricción del suelo.

Juntos a la fuerza

Piensa en hacer girar una peonza. ¿Qué fuerzas físicas están en funcionamiento? Las peonzas están en vertical siempre que las fuerzas en funcionamiento estén equilibradas. Pero finalmente, la energía del impulso que hizo que la peonza girara se gasta. La fricción hace a la peonza más lenta y la gravedad tira de ella hacia el suelo.

La gravedad tira de la peonza.

El impulso gira la peonza.

La fricción hace más lenta a la peonza al entrar en contacto con las moléculas que hay en el aire y el suelo.

El suelo empuja la peonza hacia arriba.

Emparéjalos

Los calcetines se compran a pares. Los gemelos vienen a pares. Las alas, los brazos y los ojos los tenemos a pares. ¡Y resulta que las fuerzas también vienen a pares! Cuando una fuerza se aplica sobre un objeto, también hay otra fuerza en funcionamiento. Se llaman **pares de fuerzas acción-reacción**. La tercera ley de Newton describe cómo funcionan. Para cada acción hay una reacción igual (en tamaño) y opuesta (en dirección). A veces se llama la *conservación del ímpetu*. Si un objeto tiene el ímpetu hacia una dirección, entonces otro objeto recibe un ímpetu igual en la dirección opuesta.

Siente la fuerza

Aprieta tu mano contra el borde de una mesa. Date cuenta de cómo tu mano se deforma. Esto es porque hay una fuerza que ejerce sobre ella. Puedes ver que el borde de la mesa se mete en tu mano. Puedes sentir la mesa ejerciendo una fuerza sobre tu mano. Ahora, prueba a apretar con más fuerza. Cuanto más aprietes, con más fuerza empuja la mesa al contrario. Solo puedes sentir las fuerzas ejercidas en ti, no las fuerzas que ejerces en otras cosas. Así que cuando empujas la mesa, lo que puedes ver y sentir en tu mano es la fuerza que la mesa ejerce sobre ti.

Un ejemplo deportivo

Piensa en un bate golpeando una pelota de béisbol. El bate va hacia la izquierda. La pelota viene por la derecha. Cuando el bate golpea la pelota, la pelota sale volando hacia la izquierda. Pero el bate resulta afectado también. Es empujado hacia la derecha.

Rsss

La fricción es una fuerza que sucede cuando las cosas entran en contacto entre sí. La mayoría de las cosas no son perfectamente lisas. Tienen partes pequeñas que sobresalen. Tienen texturas en sus superficies. Cuando se frotan, estas pequeñas partes se enganchan y hacen que las cosas se muevan más lentamente.

El aceite puede reducir la fricción en una bicicleta y aumentar la velocidad.

¡Caliente! ¡Caliente! ¡Caliente!

Intenta frotar tus manos rápidamente. En solo unos pocos segundos deberías empezar a notar que se están calentando. Los pequeños surcos de tu piel se enganchan entre sí y crean fricción que transforma la energía en calor.

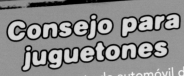

Consejo para juguetones

Piensa en la maqueta de automóvil de nuevo. La fricción es la principal fuerza que la frena según baja por la rampa. Así que, ¿cómo puedes reducir la fricción? Primero, tienes que averiguar dónde sucede la fricción. En otras palabras, ¿qué partes en movimiento están tocándose? Las ruedas están tocando la rampa. Intenta poner un lubricante, como aceite o grafito en las ruedas. Reducirá la fricción y hará que tu coche vaya más rápido.

Para el arrastre

No toda la fricción sucede entre cosas con bultos y surcos evidentes. La fricción sucede a nivel molecular también. Las moléculas chocan y se frotan entre sí. Piensa cuando caminas con viento. El viento no es más que aire. No tiene bordes o surcos ásperos, pero las moléculas del aire empujan contra ti. Te frenan porque se enganchan con las moléculas de tu piel. Y se acumulan frente a ti. El tirón causado por la fricción de un **fluido**, como el aire o el agua, se llama resistencia o **arrastre**. La fuerza del aire que empuja contra ti se llama **resistencia del aire**.

Un ingeniero inspecciona las palas de un túnel de viento.

Un esquiador prueba equipamiento en un túnel de viento.

Esta maqueta de avión está siendo probada en un túnel de viento.

Túnel de viento

¿Cómo pueden saber los ingenieros si el aire se mueve con suavidad alrededor de algo? Utilizan un túnel de viento. El túnel tiene un ventilador en uno de sus extremos que sopla aire con una corriente controlada. El objeto que está siendo probado se pone en el medio. Después, se añade humo o niebla al aire para que los ingenieros puedan ver cómo fluye.

Resistencia del agua

¿Has intentado alguna vez caminar en una piscina? El agua te empuja hacia atrás y es difícil avanzar. Pero si orientas tu cuerpo hacia el suelo y comienzas a nadar te mueves mucho más fácilmente. La fuerza que ejerce el agua cuando intentas avanzar a través de ella se llama **resistencia del agua**. Cuando caminas por el fondo de una piscina, tu cuerpo es como una caja plana y grande. Empujas contra el agua, pero el agua no puede irse a ninguna parte. Se acumula frente a ti y empuja hacia ti, pero cuando te pones a nadar a lo largo, de pronto hay mucha menos agua empujando delante de ti. El agua se escurre alrededor de ti con facilidad.

Aerodinamización

Los ingenieros que diseñan coches, barcos y aviones emplean mucho tiempo pensando en la resistencia. El proceso de reducción de la resistencia en un objeto se llama **aerodinamización**. La idea es moverse por el aire, agua o tierra sin engancharse con nada.

Los ingenieros usan computadoras como ayuda para predecir cómo se comportarán los productos en el aire o en el agua.

Nadando rápido

Muchos nadadores de competencia intentan hacer sus cuerpos tan suaves como sea posible. La mayoría llevan gorros de natación para sujetar el pelo y que no cree arrastre. Algunos se afeitan el vello corporal antes de una competición. ¡Otros llevan trajes de baño especiales de cuerpo completo para que sean tan lisos como sea posible mientras nadan!

Buceando

En este experimento, determinarás qué formas son capaces de escurrirse más rápido por un fluido y a cuáles las afecta más el arrastre.

¿Qué aprecias sobre las formas que cayeron más rápido comparadas con las que cayeron más despacio? ¿Tus observaciones apoyan lo que has aprendido sobre aerodinamización y resistencia del agua?

Materiales:

- 1 regla
- 1 jarra de agua casi llena
- cinta protectora
- 1 trozo de plastilina (aproximadamente del tamaño de una nuez)
- cronómetro
- papel de cocina

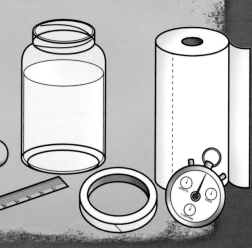

Paso 1

Pega con cinta la regla al exterior de la jarra, dejando cuatro pulgadas arriba del todo. Asegúrate de que la regla está bien sujeta. No debería moverse durante el experimento.

Paso 2

Convierte la plastilina en una esfera. Deja caer la esfera al agua desde la parte de arriba de la regla. Cronometra cuánto tarda la plastilina en llegar al fondo de la jarra.

Paso 3

Seca con suavidad la plastilina con papel de cocina. Ten cuidado de que el papel no se pegue.

Paso 4

Dale forma de óvalo alargado a la plastilina. Deja caer la nueva forma al agua de lo alto de la regla y cronometra su descenso. Saca la plastilina y sécala suavemente.

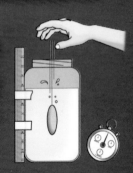

Para terminar

Moldea la plastilina en forma de cubo, estrella, hamburguesa o cualquier otra forma que se te ocurra para repetir la prueba. Compara tus observaciones de cada forma. Decide qué forma ha sido la más lenta y cuál la más rápida. Enumera en orden las formas, de la más lenta a la más rápida.

A toda velocidad

Casi toda calzada tiene un límite de velocidad, así que la velocidad a la que viajamos no la decidimos siempre nosotros. ¡Pero con un poco de conocimiento de la física y mucha energía puedes escoger tu propio camino, coger muchísimo ímpetu y acelerar hasta el final del mundo y volver! Así que experimenta para descubrir qué te llevará donde quieres ir y ¡dónde pararás, nadie lo sabe!

Consejo para juguetones

Si algo no va tan rápido como quieres que vaya la primera vez, empieza a hacerte preguntas. Analiza el movimiento en pasos para ver dónde podrías mejorar el sistema. Después, ¡inténtalo de nuevo!

Límites de velocidad en el mundo

Australia
110
mph

Nueva Zelanda
62
mph

Estados Unidos
85
mph

China
75
mph

Reino Unido
70
mph

Glosario

aceleración: la tasa de cambio de la rapidez; el aumento de la velocidad o cambio en la dirección

aerodinamización: el proceso de reducir la resistencia

arrastre: fuerza que actúa contra el movimiento de un objeto

desaceleración: la tasa de cambio de la rapidez; disminución de la velocidad o cambio en la dirección

eje: barra fija o balancín en el que giran las ruedas

ejerciendo: realizando

energía: la capacidad de realizar trabajo

energía cinética: energía de movimiento

energía potencial: energía que se almacena o resulta de la posición

físicos: personas que estudian las reglas subyacentes del universo, la materia y la energía

fluido: materia con la capacidad de derramarse o fluir

fricción: la fuerza que actúa sobre superficies en contacto y las ralentiza o detiene

fuerza de flotación: movimiento hacia arriba repentino y enérgico

fuerza G: la fuerza gravitacional; la fuerza que sientes cuando aceleras

fuerza opuesta: fuerza que empuja o tira en la dirección opuesta de otra fuerza

fuerzas en equilibrio: fuerzas que actúan entre sí de tal forma que no ocurre ningún cambio

gravedad: la atracción de cualquier objeto con masa

ímpetu: masa en movimiento

impulsos: los empujes que hacen que algo empiece a moverse

inercia: la tendencia de un objeto a mantener su estado de movimiento; las cosas en movimiento siguen moviéndose, las cosas quietas se quedan quietas

magnetismo: una fuerza que existe entre tipos especiales de metales

masa: cantidad de materia de la que está hecho algo

newton (N): unidad utilizada para medir la fuerza; la fuerza que se necesita para mover un kilogramo un metro por segundo al cuadrado en un espacio vacío

pares de fuerzas acción-reacción: pares de fuerzas que resultan de la tercera ley de Newton que afirma que para toda acción hay una reacción igual y opuesta.

rapidez: velocidad en una dirección determinada

relativa: que existe en comparación con otra cosa

resistencia del agua: la fricción del agua al pasar por un objeto

resistencia del aire: la fricción creada al pasar el aire por un objeto

resistencia: otra palabra para *arrastre*; fricción de un fluido

velocidad: cambio en la posición respecto al tiempo

tracción: la fricción de un cuerpo en una superficie según se mueve

Índice

Bibliografía

Lepora, Nathan. *High-Speed Thrills: Acceleration and Velocity (Theme Park Science).* **Ticktock Media Limited, 2008.**

Un parque temático es el lugar ideal para ver la ciencia en acción. Este libro explica conceptos como fuerza, aceleración, movimiento y más, utilizando emocionantes atracciones de parques de atracciones.

Spilsbury, Richard. *Speed and Acceleration (Fantastic Forces).* **Heinemann-Raintree, 2006.**

¿Cuál es el animal más rápido de la Tierra? ¿Qué sucede cuando los coches de choque chocan? Este libro hace las preguntas cuyas respuestas querrás saber sobre velocidad y aceleración. Tablas, gráficos y experimentos prácticos para experimentar la ciencia.

Sullivan, Navin. *Speed (Measure Up!).* **Benchmark Books, 2006.**

Aprende sobre la rapidez, la velocidad de reacción, la flotabilidad y la gravedad. Realiza experimentos en casa para comparar objetos cotidianos.

VanCleave, Janice. *Physics for Every Kid: 101 Easy Experiments in Motion, Heat, Light, Machines, and Sound (Science for Every Kids Series).* **Wiley, 1991.**

¿Te has preguntado qué es lo que hace que una bola curva se curve o cómo funcionan los imanes? Estos experimentos exploran principios básicos de física. Cada uno incluye una lista de materiales, instrucciones paso a paso, resultados esperados y explicaciones fáciles de entender.

Más para explorar

PBS Kids Physics Games

http://pbskids.org/games/physics.html

Explora los efectos de la fricción, la gravedad, el ímpetu y otras propiedades de la física mientras resuelves puzles con personajes de PBS.

Exploratorium: Sports Science

http://www.exploratorium.edu/explore/staff_picks/sports_science/

Este museo de ciencias en línea contiene múltiples páginas web para investigar los diferentes principios de la física que se pueden ver en el deporte. Algunos de los deportes incluidos son el hockey, el béisbol y el monopatín.

Physics Games.Net

http://www.physicsgames.net/

Colección de juegos en Internet basados en la física. Los jugadores ni se darán cuenta de que están aprendido sobre propiedades físicas a medida que resuelven puzles y juegan.

NASA for Students

http://www.nasa.gov/audience/forstudents/index.html

Encuentra el curso adecuado e investiga artículos, imágenes y vídeos interesantes que muestran cómo la NASA utiliza las leyes del movimiento para planificar vuelos espaciales.

Acerca de la autora

Stephanie Paris es una californiana de séptima generación. Es licenciada en Psicología por la Universidad de California, Santa Cruz, y obtuvo su certificación para enseñar diversas materias en la Universidad Estatal de California, San José. Ha sido docente de aula de la escuela primaria, docente de computación y tecnología de la escuela primaria, madre que imparte educación en el hogar, activista educativa, autora educativa, diseñadora web, *blogger* y líder de las *Girl Scouts*. La señora Paris vive en Alemania, ¡donde, en ocasiones, le gusta conducir rápido por la Autobahn!